petits pratiques
cuisine

Mes grands classiques

Cyril Lignac

Photographies des recettes : Rina Nurra
Stylisme des recettes : Lissa Streeter

Avec la collaboration de Philips

HACHETTE
Pratique

Sommaire

Signification des symboles

★ très facile
★★ facile
★★★ difficile

€ bon marché
€€ raisonnable
€€€ cher

Ma petite collection rien que pour vous...

Parce qu'il est temps de sortir des clichés qui opposent cuisine de chef et cuisine de tous les jours, j'ai décidé de vous donner le meilleur de mes recettes. La collection Petits Pratiques Hachette, qui marie depuis longtemps le beau et le bon, va mettre tous mes secrets à votre portée.

En effet, moi aussi je fais la cuisine au quotidien, moi aussi je suis accro au chocolat, nostalgique des tartes Tatin de ma grand-mère ou des purées de mon enfance, alors pourquoi garder pour moi des secrets de cuisine que vous pouvez aussi faire chez vous ?

Que ce soit au retour du marché, en repas express ou pour les enfants, toutes les occasions sont bonnes pour se mettre en cuisine et régaler ses invités. Pas besoin d'être un chef pour cela, il suffit de suivre mes conseils...

J'ai donc imaginé pour vous des recettes hyper simples, expliquées en détail et toujours illustrées, pour vous donner des idées de présentation originales qui feront de l'effet. Dans chaque recette, je vous propose mes trucs et mes astuces de chef pour bien choisir vos produits, faire les bons gestes ou ne pas rater l'étape cruciale de la cuisson : bref, tout ce qui vous aidera à réussir vos recettes à tous les coups !

Faites-moi confiance et relevez vos manches : on va se régaler !

Cyril Lignac

entrées

Tarte fine de légumes au pistou et tapenade

Pour **4 personnes** | Préparation **30 minutes** | Cuisson **30 minutes**
Difficulté ★ | Coût €

- 1 rouleau de pâte feuilletée
- 2 courgettes
- 100 g de poivrons grillés ou marinés à l'huile
- 150 g de tomates cerise
- 1 botte de basilic
- 1 poignée de roquette
- 100 g de tapenade noire
- 10 cuil. à soupe d'huile d'olive
- Sel, poivre

1 Préchauffez le four à 190 °C (th. 6-7). Retirez le bout des courgettes, puis coupez-les en fines tranches. Dans une poêle chaude, faites revenir les courgettes avec 3 cuillerées à soupe d'huile d'olive. Salez et poivrez. Quand la pointe d'un couteau s'enfonce sans résistance dans les courgettes, mettez-les dans une passoire et laissez-les s'égoutter le temps de faire le reste.

2 Préparez le pistou : effeuillez et hachez le basilic. Mettez-le dans un bol avec 7 cuillerées à soupe d'huile, un peu de sel et de poivre. Nettoyez les tomates cerise et la roquette. Égouttez les poivrons et coupez-les en lamelles.

3 Étalez la tapenade sur la pâte feuilletée. Disposez les courgettes en rosace, puis les poivrons en étoile et enfournez sur une grille, pendant 20 min. Il faut que la pâte soit bien dorée.

4 Quand la tarte est cuite, disposez dessus la roquette, les tomates cerise et arrosez d'un peu de pistou avant de servir.

Le conseil de Cyril

Vous pouvez réaliser vous-même votre tapenade en mixant des olives noires dénoyautées (environ 100 g) avec un filet d'anchois salé, 1 cuillerée à café de câpres, un peu de sel, de poivre et d'huile d'olive.

Velouté de topinambours à l'huile de noisette

Pour **4 personnes** | Préparation **15 minutes** | Cuisson **30 minutes**
Difficulté ★ | Coût €€

- 500 g de topinambours
- 1 blanc de poireau
- 2 gousses d'ail
- 15 cl de crème
- 4 cuil. à soupe d'huile de noisette
- 3 cuil. à soupe d'huile d'olive
- Sel, poivre

Matériel

- 1 mixeur

1 Épluchez les topinambours. Coupez-les en petits morceaux. Hachez le poireau et rincez-le sous l'eau froide. Épluchez les gousses d'ail et hachez-les. Mettez le poireau, l'ail et l'huile d'olive dans une casserole chaude et faites revenir 5 min. Ajoutez le topinambour, ainsi que la crème. Salez, poivrez et laissez cuire 25 min.

2 Mixez longuement le velouté à l'aide d'un robot. À défaut, utilisez un moulin à légumes avec une grille très fine. Vérifiez l'assaisonnement et servez dans des bols ou des assiettes creuses. Ajoutez l'huile de noisette avant de déguster.

Les conseils de Cyril
Le topinambour, dont le goût rappelle celui de l'artichaut, est un légume fin et peu cher. Il se marie à merveille avec l'huile de noisette, de noix ou d'amande. Vous pouvez d'ailleurs saupoudrer cette entrée de noisettes en poudre.

Asperges aux deux jambons, sauce mousseline et vinaigrette

Pour **4 personnes** | Préparation **20 minutes** | Cuisson **15 minutes**
Difficulté ★ | Coût €€

- 24 asperges blanches ou violettes
- 4 tranches de jambon blanc italien rôti (*rostello*)
- 4 tranches de jambon de Parme

Sauce mousseline

- 1 œuf
- 1 cuil. à café de moutarde forte
- 15 cl d'huile végétale
- Le jus de 1/2 citron
- Sel, poivre

Vinaigrette

- 2 cuil. à soupe de vinaigre de Xérès
- 1 cuil. à café de moutarde forte
- 8 cuil. à soupe d'huile d'olive
- Sel, poivre

1 Coupez le bout des asperges afin qu'elles aient toutes la même taille. À l'aide d'un économe, épluchez-les en partant de 4 cm de la tête. Portez à ébullition de l'eau salée dans une cocotte. Mettez les asperges droites dans un panier et plongez-les dans l'eau bouillante (si les têtes ne sont pas couvertes d'eau, c'est préférable). Laissez-les cuire environ 15 min. La pointe d'un couteau doit pouvoir s'enfoncer sans résistance dans le pied de l'asperge. Égouttez-les et laissez-les tiédir le temps de faire le reste.

2 Préparez la sauce mousseline. Cassez l'œuf et séparez le blanc du jaune. Montez le blanc en neige à l'aide d'un batteur. Dans un bol, mélangez le jaune d'œuf à la moutarde et, sans cesser de fouetter, versez doucement et au fur et à mesure l'huile pour faire une mayonnaise. Assaisonnez, ajoutez le jus de citron et mélangez la mayonnaise au blanc d'œuf. Préparez la vinaigrette en mélangeant soigneusement le vinaigre, la moutarde, l'huile, le sel et le poivre.

3 Disposez les asperges sur un plat, entourez-les des jambons et servez-les avec les deux sauces.

Les conseils de Cyril

Augmentez légèrement les quantités et vous aurez un repas complet. Pour cette recette, on utilise les asperges blanches qui conviennent mieux que les asperges vertes, meilleures quand elles sont servies chaudes en accompagnement.

Huîtres chaudes au champagne

Pour **4 personnes** | Préparation **30 minutes** | Cuisson **15 minutes**
Difficulté ★★ | Coût €€

- 50 cl de champagne ou de crémant de bonne qualité
- 2 douzaines d'huîtres
- 150 g de beurre
- 20 cl de crème fraîche liquide
- 6 jaunes d'œufs
- Sel, poivre

1 Mettez le champagne dans une casserole et faites réduire sur feu doux jusqu'à ce qu'il n'y ait presque plus de liquide.

2 Ouvrez les huîtres, versez l'eau dans un bol et la chair dans une casserole. Reversez ensuite l'eau sur les huîtres mais au travers d'un tamis. Faites fondre le beurre dans la crème fraîche. Nettoyez les coquilles creuses des huîtres.

3 Dans une casserole, au bain-marie, versez 2 cuillerées à soupe de l'eau des huîtres et les jaunes d'œufs. Sur feu moyen (il faut que l'eau du bain-marie soit frémissante), fouettez bien le mélange. Quand les jaunes épaississent, versez un peu de beurre fondu, mélangez et continuez ainsi jusqu'à épuisement du beurre. Ajoutez la réduction de champagne. Salez et poivrez. La sauce doit être assez épaisse.

4 Préchauffez le four en mode gril. Disposez les coquilles d'huîtres sur une lèchefrite et enfournez. Faites chauffer les huîtres dans leur eau. Dès que l'eau commence à bouillir, coupez le feu, égouttez les huîtres et répartissez-les dans les coquilles chaudes. Versez dessus la sauce et enfournez juste sous le gril. Au bout de 2 min, la sauce a gratiné. Sortez alors du four et servez aussitôt.

Le conseil de Cyril

C'est une recette emblématique de la nouvelle cuisine, mais qui ne se démode pas. Elle peut paraître un peu compliquée, mais si vous suivez la recette à la lettre et sans précipitation, vous y arriverez sans peine !

Cassolette de moules, cocos et gingembre

Pour **4 personnes** | Préparation **30 minutes** | Cuisson **30 minutes**
Difficulté ★ | Coût €

- 1/2 litre de moules de bouchot
- 500 g de haricots coco frais
- 1 tablette de bouillon de volaille
- 15 cl de crème fraîche liquide entière
- 2 cuil. à café de gingembre en poudre
- 10 brins de coriandre fraîche
- Poivre

1 Versez les cocos dans une casserole d'eau bouillante avec le bouillon de volaille et laissez cuire 15 à 20 min. Il faut que les haricots soient tendres.

2 Nettoyez et ébarbez les moules : retirez les fils qui dépassent de la coquille. Mettez-les dans une cocotte avec un fond d'eau, couvrez et laissez cuire 10 min. Les moules doivent être ouvertes. Égouttez-les mais gardez le jus. Retirez la chair de la coquille, puis gardez au chaud. Prenez 20 cl du jus et passez-le au travers d'un tamis. Versez-le dans une casserole avec la crème et portez à ébullition pendant 10 min. Poivrez et ajoutez le gingembre.

3 Effeuillez et hachez la coriandre. Dans des tasses ou des petits verres, commencez par verser les cocos, disposez ensuite une couche de moules, versez un peu de sauce et terminez en saupoudrant de coriandre.

Le conseil de Cyril

Il n'est pas nécessaire de saler quoi que ce soit dans cette recette. Le bouillon sale les haricots et le jus de cuisson des moules, qui sert de base à la sauce, sale le plat.

Pot-au-feu de foie gras

Pour **4 personnes** | Préparation **30 minutes** | Cuisson **30 minutes**
Difficulté ★ | Coût €€

- 1 morceau de plat de côte de bœuf
- 4 tranches de foie gras frais
- 4 petites carottes avec leurs fanes
- 4 petites pommes de terre
- 4 petits navets
- 4 oignons grelot
- Sel, poivre

1 Épluchez les oignons, les carottes, les pommes de terre et les navets. Coupez les fanes des carottes. Dans une casserole, mettez de l'eau froide et du sel, puis ajoutez les pommes de terre. Portez à ébullition et laissez cuire 15 à 20 min. Vérifiez la cuisson : la pointe d'un couteau doit pouvoir s'y enfoncer sans résistance. Égouttez et gardez au chaud.

2 Dans une cocotte, mettez le plat de côte, ajoutez 1 à 2 litres d'eau, puis portez à ébullition. Ajoutez les navets, les carottes et les oignons, laissez cuire 25 à 30 min à petits bouillons. De même que pour les pommes de terre, la pointe d'un couteau doit pouvoir s'enfoncer dans les légumes sans résistance. Égouttez et gardez au chaud. Vérifiez l'assaisonnement.

3 Prélevez 50 cl de bouillon et mettez-le dans une casserole. Salez et poivrez. Disposez les tranches de foie gras dans le bouillon et laissez frémir pendant 5 min.

4 Dans des assiettes à soupe, répartissez les légumes, posez le foie gras dessus et arrosez de bouillon.

Le conseil de Cyril
Si vous ne trouvez pas de foie gras frais, utilisez du foie gras mi-cuit : il sera alors inutile de le faire cuire.

Carpaccio de saint-pierre à la vanille

Pour **4 personnes** | Préparation **20 minutes** | Repos **10 minutes**
Difficulté ★ | Coût €€

- 200 g de filets de saint-pierre
- 1 gousse de vanille
- 1 quartier de citron
- 8 cuil. à soupe d'huile d'olive fruitée
- Sel, poivre

1 Coupez la gousse de vanille en deux dans le sens de la longueur. Grattez l'intérieur avec la pointe d'un couteau. Mettez les graines dans un bol. Ajoutez l'huile d'olive, un peu de sel, de poivre et quelques gouttes de jus de citron.

2 À l'aide d'un couteau, coupez en très fines tranches le poisson et répartissez-les sur 4 assiettes froides, comme un carpaccio. À l'aide d'une cuillère à soupe, arrosez le poisson d'huile à la vanille. Laissez reposer 10 min avant de servir.

Les conseils de Cyril

Vous pouvez remplacer le saint-pierre par du cabillaud, de la daurade ou du bar. Petite astuce : conservez la gousse de vanille vide et faites-la sécher pendant quelques jours avant de la mixer assez longuement. Passez ensuite la poudre au travers d'un tamis fin et mélangez la poudre tamisée avec du sucre pour obtenir ainsi un sucre vanillé maison.

plats

Bar en croûte de sel

Pour **4 personnes** | Préparation **20 minutes** | Cuisson **30 minutes**
Difficulté ★ | Coût €€

- 2 bars de 700 à 800 g, vidés et nettoyés
- 3 blancs d'œufs
- 3 kg de gros sel
- Quelques rondelles de citron
- Quelques branches de romarin
- Quelques graines de fenouil
- Quelques feuilles de laurier

Sauce citron

- Le jus de 1 citron
- 25 g de beurre
- 3 cuil. à soupe d'huile d'olive

1 Préchauffez votre four à 200 °C (th. 6-7). Dans un grand saladier, mélangez les blancs d'œufs avec le gros sel. Farcissez l'intérieur des poissons avec les rondelles de citron, le romarin, le fenouil et le laurier. Sur une plaque allant au four, mettez la moitié du gros sel. Disposez dessus les bars de façon parallèle et recouvrez avec le reste du sel. Enfournez et laissez cuire 30 min.

2 Dans une casserole, faites chauffer le jus de citron et l'huile sans les faire bouillir. Juste avant de servir, ajoutez le beurre en petits morceaux, sans cesser de fouetter pour bien lier la sauce.

3 Sortez le poisson du four. Devant vos invités, cassez la croûte de sel avec le dos d'une lame de couteau et sortez délicatement les poissons. Retirez la peau et servez-les aussitôt avec la sauce.

Les conseils de Cyril

Servez ce poisson avec du riz et des brocolis. Vous pouvez parfumer le sel avec des aromates : laurier, thym, graines de fenouil, baies de genièvre, ail...

Turbot poêlé, purée à l'huile d'olive et sauce vierge

Pour **4 personnes** | Préparation **30 minutes** | Cuisson **30 minutes**
Difficulté ★ | Coût €€

- 4 pavés de turbot de 150 g chacun
- 1 kg de pommes de terre ratte
- 10 cl d'huile d'olive + 3 cuil. à soupe pour la cuisson du poisson
- Sel, poivre

Sauce vierge

- 1 tomate
- 1 échalote
- 2 brins de basilic
- 1 cuil. à soupe d'olives noires dénoyautées
- Le jus de 1 quartier de citron
- 10 cl d'huile d'olive
- Sel, poivre

1 Préparez la sauce. Ébouillantez la tomate. Épluchez-la, coupez-la en quatre, retirez les graines et coupez la chair en petits dés. Épluchez et hachez l'échalote. Hachez le basilic et les olives. Mettez tous ces ingrédients dans un bol et ajoutez 10 cl d'huile, le citron, du sel et du poivre. Réservez au frais.

2 Dans une grande casserole, mettez les pommes de terre, 1 cuillerée à soupe de sel et couvrez d'eau froide. Portez à ébullition et laissez cuire les pommes de terre 15 à 20 min. Vérifiez la cuisson : la pointe d'un couteau doit pouvoir s'enfoncer dans la chair sans résistance. Égouttez-les, passez-les sous l'eau froide et épluchez-les.

3 Passez les pommes de terre au moulin à légumes ; mettez la purée dans une casserole. Faites chauffer la purée sans cesser de remuer et, lorsqu'elle est bien chaude, versez l'huile d'olive en mélangeant toujours. Vérifiez l'assaisonnement, couvrez et gardez au chaud.

4 Dans une poêle antiadhésive, faites chauffer 3 cuillerées à soupe d'huile. Poêlez le poisson en comptant 3 à 4 min de chaque côté. Servez aussitôt accompagné de purée et de sauce vierge.

Les conseils de Cyril
Le turbot est un poisson plat tout à fait délicieux mais onéreux. Vous pouvez donc le remplacer par d'autres poissons blancs comme le cabillaud, la rascasse...

Aile de raie aux câpres et cerfeuil

Pour **4 personnes** | Préparation **30 minutes** | Cuisson **1 heure**
Difficulté ★ | Coût €

- 4 morceaux d'aile de raie d'environ 200 g chacun, sans la peau
- 4 cuil. à café de câpres
- 1 botte de cerfeuil
- 100 g de beurre
- 5 cl de vinaigre de vin

Court-bouillon

- 25 cl de vin blanc
- 1 carotte
- 1 oignon
- 1 branche de céleri
- 2 feuilles de laurier
- Sel, poivre

1 Préparez le court-bouillon. Épluchez la carotte et l'oignon. Coupez-les en morceaux ainsi que le céleri. Dans une grande casserole, versez 1 litre d'eau, le vin et tous les autres ingrédients du court-bouillon. Portez à ébullition, puis laissez cuire à petits bouillons pendant 45 min.

2 Effeuillez et hachez grossièrement le cerfeuil. Mettez les morceaux de raie dans une grande poêle un peu profonde. Recouvrez de court-bouillon et faites cuire pendant 15 min. Coupez le feu, laissez le poisson dans l'eau le temps de préparer la sauce.

3 Dans une casserole, faites fondre le beurre et laissez-le cuire jusqu'à ce qu'il commence à brunir. Versez alors le vinaigre sans cesser de remuer (faites attention aux projections) et ajoutez les câpres. Laissez bouillir 1 à 2 min, le temps d'égoutter les ailes de raie et de les disposer dans des assiettes. Nappez de sauce et saupoudrez de cerfeuil.

Le conseil de Cyril

Servez ce classique des grandes brasseries avec des pommes vapeur saupoudrées d'un peu de cerfeuil. La recette classique se prépare normalement avec du persil, mais un peu de changement ne fait pas de mal !

Saint-jacques snackées, beurre blanc à la coriandre

Pour **4 personnes** | Préparation **30 minutes** | Cuisson **30 minutes**
Difficulté ★ | Coût €€

- 24 noix de saint-jacques sans corail
- 1 cuil. à café de coriandre en poudre
- 10 brins de coriandre
- 1 échalote
- 15 cl de vin blanc
- 15 cl de crème fraîche liquide
- 50 g de beurre à température ambiante
- 3 cuil. à soupe d'huile d'olive
- Sel, poivre

Matériel

- 4 piques à brochettes

1 Nettoyez les saint-jacques, épongez-les et piquez-en 6 sur chaque pique. Effeuillez la coriandre.

2 Épluchez et hachez l'échalote. Mettez-la avec le vin blanc dans une casserole. Faites réduire presque à sec et ajoutez la crème fraîche. Portez à ébullition et laissez réduire pendant 5 à 10 min de façon à obtenir une sauce bien épaisse. Passez-la au travers d'un tamis pour retirer l'échalote ; ajoutez le beurre en petits morceaux, sans cesser de fouetter, pour bien lier la sauce. Assaisonnez avec la coriandre en poudre, du sel et du poivre. Gardez au chaud hors du feu.

3 Dans une poêle très chaude, faites griller les brochettes avec l'huile d'olive en comptant 1 min de chaque côté. Disposez sur des assiettes, nappez de sauce et saupoudrez de coriandre fraîche.

Le conseil de Cyril

Accompagnez ce plat d'un risotto : faites revenir sans cesser de remuer 200 g de riz à risotto dans 5 cl d'huile d'olive. Quand il est translucide, versez une louche de bouillon de volaille. Quand celui-ci est totalement absorbé, ajoutez-en jusqu'à verser 40 cl de bouillon. Coupez alors le feu, couvrez et laissez reposer 5 min. Ajoutez, juste avant de servir, un peu de parmesan râpé, du sel, du poivre et quelques pistils de safran.

Gigot d'agneau au miel et au thym

Pour **4 personnes** | Préparation **30 minutes** | Cuisson **1 heure 5**
Difficulté ★ | Coût €

- 1 rôti de gigot d'agneau de 800 g
- 1 boule de céleri
- 2 pommes de terre
- 5 brins de thym frais
- 1 cuil. à soupe de miel
- 10 cl de lait
- 50 g de beurre demi-sel
- Sel, poivre

Matériel

- 1 moulin à légumes

1 Préchauffez le four à 200 °C (th. 6-7). Dans un plat à rôtir, posez le gigot sur les brins de thym. Salez, poivrez, puis enfournez et laissez cuire 40 min.

2 Épluchez au couteau le céleri. Coupez-le en gros morceaux et mettez-les dans une grande casserole. Épluchez les pommes de terre et mettez-les avec le céleri. Couvrez d'eau, ajoutez du sel et faites cuire 25 min à feu moyen.

3 Sortez le plat du four. Emballez le gigot dans du papier aluminium et laissez-le dans le four éteint et ouvert. Retirez l'excédent de gras du plat. Versez 10 cl d'eau et grattez le fond du plat à l'aide d'une fourchette pour décoller ce qui a accroché (et qui est la base de la sauce). Ajoutez le miel, puis gardez au chaud.

4 Terminez la purée. Égouttez les légumes et passez-les au moulin à légumes muni d'une grille fine. Ajoutez le lait et faites chauffer la purée dans une casserole sans cesser de remuer. Vérifiez l'assaisonnement. Juste avant de servir, ajoutez le beurre et mélangez bien pour le faire fondre. Tranchez le gigot et arrosez-le de sauce.

Les conseils de Cyril

Le temps de cuisson correspond à un rôti rosé, ajoutez 15 min si vous le désirez bien cuit. Par ailleurs, pour les fans d'ail, ajoutez avec le thym des gousses d'ail entières non pelées. C'est un délice !

Faux-filet cuit en cocotte, ail et échalotes confits

Pour **4 personnes** | Préparation **30 minutes** | Cuisson **30 minutes**
Repos **20 minutes**
Difficulté ★ | Coût €

- 1 morceau de 800 g de faux-filet
- 6 gousses d'ail
- 12 échalotes
- 5 cl de vin rouge
- 1/4 de tablette de bouillon de bœuf
- 2 cuil. à soupe d'huile d'olive
- Sel, poivre

1 Dans une cocotte (qui accroche), faites chauffer l'huile à feu assez vif. Baissez le feu et mettez le faux-filet dans la cocotte. Mettez autour, sans les éplucher, l'ail et les échalotes. Laissez cuire 8 min, puis retournez le faux-filet. Laissez cuire encore 8 min. Tournez la viande pour la mettre sur le coté et laissez cuire 5 min. Faites de même avec l'autre côté. Tout au long de la cuisson, remuez l'ail et l'échalote.

2 Sortez la viande de la cocotte, assaisonnez-la et emballez-la dans 2 couches d'aluminium. Laissez reposer 20 min. Dans la cocotte, retirez l'excédent de gras, puis reposez-la sur le feu, versez le vin, la tablette de bouillon et 10 cl d'eau. Laissez cuire à couvert le temps que la viande repose. Juste avant de servir, vérifiez l'assaisonnement.

3 Tranchez la viande, arrosez de sauce et accompagnez de l'ail et des échalotes.

Les conseils de Cyril
Vous pouvez faire cette recette avec du rosbif ou du filet, c'est aussi très bon et savoureux. Servez ce plat avec une purée de céleri (voir p. 32) ou une purée de pommes de terre maison (voir p. 26).

Sel Poivre
Peper
Sel Po

Rôti de bœuf en croûte

Pour **4 personnes** | Préparation **30 minutes** | Cuisson **50 minutes**
Difficulté ★ | Coût €€€

- 800 g de filet de bœuf, paré et dégraissé
- 500 g de girolles
- 400 g de pâte feuilletée
- 2 échalotes
- 25 g de beurre
- 1 jaune d'œuf
- 1 cuil. à soupe de lait
- 3 cuil. à soupe d'huile d'olive
- Sel, poivre

1 Dans une poêle, faites chauffer l'huile et faites dorer la viande sur tous les côtés : comptez 5 min de chaque côté, à feu doux ou moyen. Laissez refroidir.

2 Nettoyez rapidement les girolles. Épluchez et hachez les échalotes. Dans une grande poêle, faites fondre le beurre, ajoutez les échalotes et les girolles. Faites cuire à feu vif jusqu'à évaporation complète de l'eau de végétation.

3 Préchauffez le four à 190 °C (th 6-7). Étalez la pâte feuilletée en un grand rectangle deux fois plus large que la viande et un peu plus long. Répartissez la moitié des champignons sur un côté, posez la viande par-dessus et couvrez avec le reste des champignons. Battez l'œuf et le lait. Badigeonnez-en la pâte pour souder les bords et la faire dorer. Enfournez et laissez cuire 20 min. Servez aussitôt.

Les conseils de Cyril

Vous pouvez bien sûr remplacer les girolles par des champignons plus classiques comme des pleurotes ou des champignons de Paris.
Le filet de bœuf peut être remplacé par du cœur de rumsteck.
Servez ce plat avec une salade de mâche aux noisettes et aux petits lardons.

Canard au poivre vert et vinaigre de caramel

Pour **4 personnes** | Préparation **30 minutes** | Cuisson **40 minutes**
Difficulté ★ | Coût €€

- 2 gros magrets de canard
- 600 g de pommes de terre ratte
- 2 pommes vertes
- 25 g de beurre
- Sel, poivre

Sauce

- 1/2 poivron rouge
- 10 cl de vinaigre
- 1 cuil. à soupe de sucre
- 10 cl de vin blanc
- 2 cuil. à soupe d'armagnac
- 2 cuil. à soupe de porto
- 1 petite boîte de conserve de poivre vert
- 6 cuil. à soupe de crème fraîche épaisse
- 1/2 tablette de bouillon de volaille diluée dans 10 cl d'eau chaude

1 Préparez la sauce : dans une casserole, mélangez le vinaigre et le sucre. Laissez réduire sur le feu jusqu'à obtenir un sirop. Ajoutez alors le vin blanc, l'armagnac et laissez réduire. Pendant ce temps, rincez le poivre vert ; retirez les graines et les membranes du poivron et coupez-le en petits dés. Mettez le tout dans la casserole, ajoutez la crème et le bouillon de volaille. Laissez cuire à feu doux 15 min. Juste avant de servir, ajoutez le porto.

2 Dans une poêle, faites fondre la moitié du beurre. Ajoutez-y les pommes de terre entières préalablement lavées. Laissez-les cuire doucement pendant 15 min environ sur feu doux. Épluchez les pommes et coupez-les en quatre. Ôtez le cœur et ajoutez les quartiers au contenu de la poêle. Remuez les pommes de terre et tournez les quartiers de pomme, vérifiez la cuisson : un couteau doit s'y enfoncer sans résistance. Dans une nouvelle poêle très chaude, faites revenir le magret de canard côté peau vers le bas. Au bout de 1 ou 2 min, baissez le feu et laissez cuire ainsi pendant 10 min pour obtenir une viande rosée.

3 Salez et poivrez à votre convenance. Dans de grandes assiettes, disposez les pommes de terre, les pommes et le canard cuit arrosé de sauce.

Les conseils de Cyril

Cette recette s'adapte aussi à merveille avec du filet mignon de porc.
Par ailleurs, la recette de la sauce peut paraître longue, mais soyez courageux, vous ne le regretterez pas, et vos invités non plus !

Pot-au-feu aux épices

Pour **4 personnes** | Préparation **1 heure** | Marinade **24 heures**
Cuisson **3 heures 30 minutes**
Difficulté ★ | Coût €

- 1 kg de viande de bœuf à pot au feu
- 500 g de plats de côtes
- 1 oignon
- 2 clous de girofle
- 1 branche de céleri
- 4 poireaux
- 5 carottes
- 4 navets
- 12 pommes de terre
- 4 os à moelle de 6 cm de long
- 1 cuil. à soupe de vinaigre blanc
- Sel

Marinade

- 500 g de gros sel marin
- 200 g de sucre en poudre
- 2 cuil. à soupe de paprika
- 2 cuil. à soupe de quatre-épices en poudre
- 3 branches de thym

Baluchon

- 4 gousses d'ail
- 4 baies de genièvre
- 2 étoiles de Badiane (anis étoilé)
- 1 cuil. à café de graines de coriandre
- 1 brin de menthe
- 1 cuil. à café de poivre

1 La veille, préparez la marinade en mélangeant tous ses ingrédients. Mettez-en la moitié au fond d'un grand plat, disposez la viande de bœuf dessus et recouvrez du reste de marinade. Réservez au frais pendant 24 h.

2 Le jour même, préparez le baluchon : mettez dans une bande de gaze tous ses ingrédients. Repliez la gaze et nouez-la. Pelez l'oignon et piquez-y les clous de girofle.

3 Sortez la viande du sel et rincez-la longuement. Mettez-la dans une marmite, ajoutez 5 litres d'eau, le baluchon, l'oignon et le céleri. Mettez sur le feu jusqu'à ébullition. Écumez, baissez le feu et laissez cuire 2h à découvert. Coupez les poireaux au ras du vert clair, nettoyez-les sous l'eau plusieurs fois. Épluchez les carottes et les navets.

4 Après 2 h de cuisson, ajoutez, dans la marmite, les légumes, sauf les pommes de terre ; laissez cuire 1 h 30 à petits bouillons. Faites cuire les pommes de terre à l'eau une vingtaine de minutes ; un couteau doit s'y enfoncer sans résistance. Dans une casserole, mettez les morceaux d'os à moelle droits, recouvrez d'eau froide, ajoutez le vinaigre et un peu de sel, portez à ébullition, baissez le feu et laissez cuire 25 min à petits bouillons.

5 Le pot-au-feu cuit depuis 3 h 30. Sortez les viandes et les légumes, tranchez et mettez dans un plat. Jetez l'oignon, le céleri et le baluchon, puis servez avec le bouillon, les os à moelle et les pommes de terre.

Carré d'agneau, jus de ratatouille au colombo

Pour **4 personnes** | Préparation **30 minutes** | Cuisson **1 heure 5 minutes**
Difficulté ★ | Coût €€

- 2 petits carrés d'agneau d'environ 500 g chacun
- 1 poivron rouge
- 1 poivron vert
- 1 courgette
- 1 aubergine
- 2 tomates
- 1 oignon blanc
- 2 gousses d'ail
- 6 feuilles de curry (à vendre dans les épiceries indiennes, facultatif)
- 3 pincées de poudre de colombo
- 6 cuil. à soupe d'huile d'olive
- Sel, poivre

1 Épluchez et hachez l'oignon et l'ail. Coupez en petits dés les poivrons, la courgette, l'aubergine et les tomates après avoir retiré leurs graines.

2 Dans une grande casserole, faites chauffer 4 cuillerées à soupe d'huile d'olive. Versez ensuite les poivrons, l'oignon et l'ail. Laissez cuire 5 à 6 min avant d'ajouter les dés de courgette, puis encore 5 min avant les dés d'aubergine. Attendez à nouveau 5 min, puis ajoutez les tomates, les feuilles de curry, du sel et du poivre.

3 Mélangez, baissez le feu, couvrez et laissez cuire 20 min environ. Retirez le couvercle, ajoutez la poudre de colombo et laissez cuire encore 20 min. Égouttez la ratatouille et mettez le jus dans une casserole. Faites réduire 10 min.

4 Préchauffez le four à 200 °C (th. 6-7). Badigeonnez d'huile les carrés d'agneau et posez-les dans un plat à rôtir. Salez, poivrez, enfournez et laissez cuire 15 min. Sortez les carrés d'agneau du plat, ôtez le gras et versez le jus de ratatouille dans le plat. Servez les carrés accompagnés de ratatouille et de sauce.

Les conseils de Cyril
Vous pouvez préparer cette recette avec du gigot d'agneau et remplacer le colombo par du safran.

Tartare de bœuf au saté

Pour **4 personnes** | Préparation **20 minutes**
Difficulté ★ | Coût €€

- 800 g de bœuf haché, rumsteck ou filet
- 1 botte de ciboulette
- 1/2 botte de coriandre
- 1/2 botte de persil plat
- 2 jaunes d'œufs extra-frais
- 1 cuil. à café de moutarde
- 1 cuil. à café de saté (mélange d'épices, dans les épiceries asiatiques)
- 4 cuil. à soupe de câpres au vinaigre
- Quelques gouttes de Tabasco®
- 2 cuil. à soupe de sauce Worcestershire
- 10 cl d'huile d'olive
- Sel, poivre

1 Nettoyez et hachez les herbes. Mélangez les jaunes d'œufs avec la moutarde, le saté, les câpres, le Tabasco® et la sauce Worcestershire. Versez au fur et à mesure l'huile d'olive et terminez la sauce en ajoutant les herbes, du sel et du poivre.

2 Mélangez la viande avec la sauce et façonnez 4 pavés. Posez-les sur une assiette et servez aussitôt.

Le conseil de Cyril
Une version épicée du célèbre tartare de bœuf, à servir avec des frites et une bonne salade.

desserts

Pommes rôties en feuilleté

Pour **4 personnes** | Préparation **30 minutes** | Cuisson **1 heure 5**
Difficulté ★ | Coût €

- 4 pommes golden
- 200 g de pâte feuilletée
- 50 g d'amandes en poudre
- 1 gousse de vanille
- 50 g de beurre à température ambiante
- 50 g de cassonade
- 1 jaune d'œuf
- 1 cuil. à soupe de lait

Matériel

- 1 vide-pomme

1 Épluchez les pommes et videz le centre à l'aide d'un vide-pomme. Dans un saladier, mélangez le beurre, la cassonade et les amandes. Coupez la vanille dans la longueur et retirez les graines ; ajoutez-les au beurre. Remplissez les pommes de ce mélange.

2 Préchauffez le four à 180 °C (th. 6). Étalez la pâte feuilletée et découpez quatre grands carrés de 15 cm minimum. Posez la pomme au milieu. Repliez le carré au centre en soudant les bords. Dans les chutes de pâte, découpez des feuilles. Battez l'œuf et le lait. Dorez la pâte, collez les feuilles, et dorez-les. Enfournez pendant 40 min. Laissez tiédir avant de consommer.

Les conseils de Cyril

Dessert normand par excellence, vous pouvez garnir les fruits de gelée ou de confiture. On peut aussi mettre du praliné aux noisettes ou de la frangipane au chocolat.

Crème brûlée au thé vert

Pour **4 personnes** | Préparation **20 minutes** | Cuisson **40 minutes** | Repos **3 heures**
Difficulté ★ | Coût €

- 50 cl de lait frais entier
- 2 gousses de vanille
- 1 cuil. à soupe de thé vert Matcha (thé vert japonais)
- 80 g de sucre semoule
- 4 cuil. à café de cassonade
- 4 jaunes d'œufs

Matériel
- 4 ramequins

1 À l'aide d'un couteau, coupez la vanille dans le sens de la longueur et grattez les graines avec la pointe d'un couteau. Mélangez les graines au sucre et mettez les gousses dans le lait. Portez-le à ébullition, coupez le feu, ajoutez le thé, puis laissez infuser 30 min.

2 Préchauffez le four à 130 °C (th. 4-5). Dans un saladier, mélangez les œufs et le sucre semoule et fouettez vigoureusement jusqu'à ce que le mélange blanchisse. Versez ensuite le lait en un mince filet, sans cesser de remuer.

3 Dans des ramequins, versez la crème au travers d'un tamis fin, puis enfournez pendant 35 min. Pour vérifier la cuisson, plantez un couteau dans la crème : la lame doit ressortir humide mais sans trace.

4 Laissez refroidir pendant 2 h 30. Épongez la surface des crèmes brûlées avec un papier absorbant, puis saupoudrez de cassonade. Faites-les caraméliser 1 ou 2 min sous le gril du four ou utilisez un petit chalumeau de cuisine. Servez aussitôt.

Les conseils de Cyril
Vous pouvez enrichir cette recette en remplaçant la moitié du lait par de la crème fraîche liquide. À servir avec une boule de glace à la vanille, si vous êtes très gourmand !

Fontainebleau aux marrons glacés

Pour **4 personnes** | Préparation **20 minutes** | Réfrigération **3 heures**
Difficulté ★ | Coût €

- 500 g de faisselle au lait entier
- 15 cl de crème fraîche liquide entière
- 150 g de crème de marrons
- 120 g de brisures de marrons glacés
- 1 gousse de vanille

Matériel

- 1 batteur électrique

1 Sortez la faisselle de son pot en la laissant dans l'égouttoir et gardez-la au frais dans une assiette à soupe pendant 3 heures. À l'aide d'un batteur, montez en chantilly la crème fraîche. À l'aide d'un couteau, coupez la vanille dans le sens de la longueur et grattez les graines avec la pointe d'un couteau.

2 Mélangez la faisselle à la chantilly et à la vanille. Dans des verres, commencez par répartir la crème de marrons, recouvrez de fromage blanc et terminez par les brisures. Si vous ne le servez pas tout de suite, gardez ce dessert au frais.

Les conseils de Cyril

Il n'est pas nécessaire de sucrer le fromage blanc, c'est la crème de marrons et les brisures qui le feront. Vous pouvez préparer ce dessert en remplaçant la crème de marrons par du coulis de fruits rouges et les brisures par des framboises.

Poire Belle-Hélène pralinée

Pour **4 personnes** | Préparation **30 minutes** | Cuisson **40 minutes**
Difficulté ★ | Coût €

- 4 poires comice
- 50 g de chocolat à 70 %
- 250 g de sucre
- 100 g de cassonade
- 100 g de noisettes hachées
- 50 g de beurre
- 1 cuil. à soupe d'amandes effilées

Sauce au chocolat

- 125 g de chocolat noir corsé
- 10 cl de lait frais entier
- 10 cl de crème fraîche

Matériel

- Papier sulfurisé

1 Épluchez les poires. Dans une casserole, mettez les poires avec le sucre et couvrez d'eau. Faites cuire à petits bouillons pendant 30 min. La pointe d'un couteau doit pouvoir s'y enfoncer sans résistance. Sortez les poires du sirop et laissez tiédir.

2 Faites cuire la cassonade pour obtenir un caramel blond. Ajoutez les noisettes, le chocolat cassé en morceaux et le beurre. Mélangez pour bien lier, puis versez sur une feuille de papier sulfurisé. Étalez le plus finement possible, laissez refroidir, puis hachez cette nougatine. Creusez les poires par la base pour retirer le cœur. Remplissez-les de nougatine.

3 Faites fondre le chocolat. Dans une casserole, mélangez le lait et la crème. Portez à ébullition, coupez le feu et ajoutez le chocolat ; mélangez bien pour lier la sauce.

4 Sur des assiettes, disposez les poires farcies et arrosez-les de sauce au chocolat. Saupoudrez d'amandes et dégustez aussitôt.

Les conseils de Cyril

Si vous êtes très gourmand, servez ce dessert avec une boule de glace vanille. Par ailleurs, vous pouvez enrichir le sirop en y ajoutant un bâton de cannelle, un zeste de citron et d'orange et un peu de rhum.

Cappuccino à la fraise

Pour **4 personnes** | Préparation **30 minutes**
Difficulté ★ | Coût €

- 500 g de fraises mara des bois
- Le jus de 1/2 citron vert
- 15 cl de crème fraîche liquide entière
- 1 gousse de vanille
- 50 g de sucre semoule
- 1 cuil. à soupe de cassonade
- 1 cuil. à soupe de sucre glace

Matériel

- 1 mixeur
- 1 batteur électrique

1 Rincez et équeutez les fraises. Mixez-les longuement avec le sucre semoule et le jus de citron vert pour obtenir une purée lisse. Répartissez-la dans 4 verres.

2 À l'aide d'un batteur, montez en chantilly la crème fraîche avec le sucre glace. Lorsqu'elle est bien épaisse, versez la crème sur le coulis de fraises. À l'aide d'un couteau, coupez la vanille dans le sens de la longueur et grattez les graines avec la pointe du couteau. Mélangez-les avec la cassonade et saupoudrez-en les cappuccino. Servez aussitôt.

Les conseils de Cyril

Vous pouvez ajouter quelques framboises entières dans le coulis de fraises. Si vous désirez préparer ce dessert à l'avance, mettez un peu de mascarpone dans la chantilly. Cela permet de l'épaissir et de la stabiliser.

Papillotes de fruits et glace

Pour **4 personnes** | Préparation **10 minutes** | Cuisson **40 minutes** | Repos **30 minutes**
Difficulté ★ | Coût €

- 1 fruit de la passion
- 1 petit ananas
- 4 boules de glace : glace à la vanille, glace à la cannelle, sorbet coco, sorbet citron vert...
- 10 cl de rhum blanc martiniquais
- Le jus de 1 citron vert
- 1 gousse de vanille
- 4 morceaux de cannelle
- 4 étoiles de badiane (anis étoilé)

Matériel

- 4 grands carrés de papier sulfurisé

1 Coupez la gousse de vanille dans le sens de la longueur et retirez les graines avec la pointe d'un couteau. Mélangez-les au rhum et au jus de citron vert. Ouvrez le fruit de la passion en deux et ajoutez ses graines et sa pulpe au rhum.

2 Ôtez l'écorce de l'ananas et coupez-le en 4 quartiers. Retirez le cœur et coupez chaque quartier en tronçons. Répartissez-les sur les carrés de papier sulfurisé. Sur chacun, posez 1 morceau de cannelle et 1 étoile de badiane ; versez 2 à 3 cuillerées à soupe de rhum citronné et refermez. Laissez reposer 20 min.

3 Préchauffez le four à 200 °C (th. 6-7). Enfournez les papillotes pour 40 min. Laissez ensuite refroidir 10 min avant de servir. Posez sur l'ananas chaud la boule de glace et dégustez.

Les conseils de Cyril

On peut varier cette recette en utilisant d'autres épices comme des clous de girofle, de la cardamome ou bien des herbes comme le romarin, le thym ou le basilic.

Croustillants au chocolat et salade d'oranges

Pour **4 personnes** | Préparation **25 minutes** | Cuisson **50 minutes**
Congélation **2 heures**
Difficulté ★ | Coût €

Ganache
- 150 g de chocolat
- 120 g de beurre
- 2 œufs
- 25 g de cassonade
- 1 sachet de sucre vanillé

Panure
- 4 tranches de brioche
- 1 œuf
- Huile de friture

Salade d'oranges
- 6 oranges
- 1 verre de jus d'orange frais

Matériel
- 1 mixeur

1 Préparez la ganache. Faites fondre le chocolat au bain-marie avec le beurre. Dans un saladier, fouettez les œufs, le sucre vanillé et la cassonade. Quand le chocolat est fondu, ajoutez-y la préparation œufs-sucre. Mélangez, puis versez dans des moules à glaçons, ronds si possible. Pour façonner les croquettes, roulez-les entre vos mains, puis réservez-les au congélateur pendant 1 h.

2 Préparez la panure. Préchauffez le four à 130 °C (th. 4-5). Mettez les tranches de brioche au four pendant 40 min. Sortez-les et passez-les au mixeur afin d'obtenir une chapelure fine. Battez l'œuf.

3 Trempez chaque bonbon au chocolat dans l'œuf, puis roulez-le dans la panure ; procédez ainsi jusqu'à épuisement des ingrédients ; remettez au congélateur pendant 1 h. Pendant ce temps, préparez la salade d'oranges. Pelez-les à l'aide d'un couteau en retirant toutes les parties blanches. Coupez-les en tranches et mettez-les dans un saladier avec le jus. Repassez les croquettes dans l'œuf et la panure, puis faites-les frire 2 à 3 min. Posez les croustillants bien dorés sur du papier absorbant et dégustez-les chauds avec la salade d'oranges.

Les conseils de Cyril

Vous pouvez remplacer la salade d'oranges par une salade de fruits rouges ou toute autre salade de fruits frais.

Cyril Lignac